Rupert Scholz
Grundgesetz zwischen Reform
und Bewahrung

Schriftenreihe
der
Juristischen Gesellschaft zu Berlin

Heft 130

W
DE
G

1993
Walter de Gruyter · Berlin · New York

Grundgesetz zwischen Reform und Bewahrung

Von
Rupert Scholz

Vortrag
gehalten vor der
Juristischen Gesellschaft zu Berlin
am 2. Dezember 1992

W DE G

1993
Walter de Gruyter · Berlin · New York

Dr. iur. *Rupert Scholz,*
o. Professor an der Ludwig-Maximilians-Universität München

∞ Gedruckt auf säurefreiem Papier,
das die US-ANSI-Norm über Haltbarkeit erfüllt.

Die Deutsche Bibliothek – CIP-Einheitsaufnahme

Scholz, Rupert:
Grundgesetz zwischen Reform und Bewahrung: Vortrag,
gehalten vor der Juristischen Gesellschaft zu Berlin
am 2. Dezember 1992 / von Rupert Scholz. – Berlin;
New York : de Gruyter, 1993.
    (Schriftenreihe der Juristischen Gesellschaft zu
    Berlin ; H. 130)
    ISBN 3-11-014112-4
NE: Juristische Gesellschaft ⟨Berlin⟩ : Schriftenreihe der Juristischen Gesellschaft e. V. Berlin

I. Grundgesetz und deutsche Einheit

Die Wiedervereinigung Deutschlands hat auch zur Verfassungsfrage geführt. Es stellte sich die Frage, ob mit der Wiederherstellung der deutschen Einheit auf der Grundlage des Einigungsvertrages vom 31. 8. 1990 (BGBl. II S. 889) auch eine neue gesamtdeutsche Verfassung zu erarbeiten sei. Das GG selbst war in dieser Frage offen. Es eröffnete für die deutsche Einheit bekanntlich zwei Wege: entweder den Weg über den früheren Art. 146, d. h. Wiedervereinigung durch und über eine neue gesamtdeutsche Verfassung, oder den Weg über den früheren Art. 23, d. h. Wiedervereinigung durch Beitritt der ehemaligen DDR zur Bundesrepublik Deutschland und zum GG. Bekanntlich wurde über den Einigungsvertrag der letztere Weg beschritten. Damit wurde das GG zur endgültigen und legitimen gesamtdeutschen Verfassung. Die politisch maßgebende Entscheidung lag hierbei bei der ersten freigewählten Volkskammer der ehemaligen DDR. Sie entschied sich für den Beitritt zur Bundesrepublik Deutschland und zum Grundgesetz. Damit nahm die erste demokratische Volksvertretung der ehemaligen DDR nicht nur die Option aus Art. 23 GG, nämlich die zum Beitritt zur Bundesrepublik Deutschland und zum GG, sondern auch die Option aus der Präambel des GG auf, derzufolge das „Deutsche Volk" in den westdeutschen Ländern „auch für jene Deutschen gehandelt hat, denen mitzuwirken versagt war" und demzufolge „das gesamte Deutsche Volk aufgefordert bleibt, in freier Selbstbestimmung die Einheit und Freiheit Deutschlands zu vollenden". In dieser Formel der früheren Präambel des GG lag nicht nur der verbindliche Verfassungsauftrag zur Wiedervereinigung, sondern in ihr lag auch das Bekenntnis des Parlamentarischen Rats zur gleichsam „stellvertretenden Verfassungsgebung" auch für jene Deutschen, denen in der ehemaligen DDR die Mitwirkung an der Erarbeitung und am Erlaß dieser ersten demokratischen Verfassung der Nachkriegszeit versagt war. Damit war zugleich – in Verbindung mit Art. 23 GG – klargestellt, daß es wesentlich bei den Deutschen in der ehemaligen DDR liegen würde, ob das GG über den Tag der Wiedervereinigung hinaus, d. h. als gesamtdeutsche Verfassung, gelten würde oder ob sich seine Geltung mit der Wiedervereinigung erledigen würde, ob es mit anderen Worten – über den Weg des früheren Art. 146 GG – im Zusammenhang mit der deutschen Einheit zu einer neuen gesamtdeutschen Verfassung kommen würde.

Mit dem Beitritt der ehemaligen DDR zur Bundesrepublik Deutschland und zum GG wurde das GG nunmehr gemeinsame gesamtdeutsche Verfassung (Art. 3 Einigungsvertrag), womit sich gleichzeitig der frühere

Art. 146 GG erledigte, der das GG unter den Vorbehalt einer wiederver-
einigungsbedingten neuen Verfassung stellte. Das GG verlor damit
zugleich den Charakter des Provisoriums, den es bis zur deutschen
Wiedervereinigung besaß. Die beiden unterschiedlichen Wege zur Wiedervereinigung, d. h. der Weg über Art. 23 GG einerseits und der Weg
über Art. 146 GG andererseits, formulierten zugleich jene beiden Grund-
optionen für das GG selbst: nämlich entweder die Option für das GG als
endgültige gesamtdeutsche Verfassung (Art. 23 GG) oder die Option für
das GG als bloßes Provisorium und Transitorium bis zur deutschen
Einheit (Art. 146 GG).

Des Hinweises auf diese Entwicklung und diese auch verfassungsrechtlichen Vorgaben durch das GG selbst bedarf es vor allem deshalb, weil
gelegentlich behauptet worden ist, daß das GG ungeachtet des Beitritts
der ehemaligen DDR zur Bundesrepublik Deutschland und zum GG
nach wie vor der nötigen „demokratischen Legitimation" als nunmehr
endgültige gesamtdeutsche Verfassung ermangele. So ist vor allem von
jenen, die das GG generell gern zugunsten einer neuen, wesentlich anders
orientierten gesamtdeutschen Verfassung abgelöst gesehen hätten, häufig
argumentiert worden. So ist u. a. auch geltend gemacht worden, daß das
GG, wenn es denn schon als gesamtdeutsche Verfassung Geltung erlangen
solle, so doch zunächst „seine demokratische Legitimation im Wege einer
gesamtdeutschen Volksabstimmung empfangen müßte". Hinter dieser
These steht indessen schon der Irrtum, daß Verfassungen nur durch
Volksabstimmungen demokratisch zu legitimieren seien. Eine Verfassung
kann zwar durch eine Volksabstimmung bzw. einen entsprechenden
Konstitutionsakt unmittelbarer Demokratie legitimiert werden, sie muß
dies aber nicht. Denn neben den Verfahren der unmittelbaren Demokratie
steht auch beim Erlaß von Verfassungen in gleichrangiger Qualität bzw.
gleicher Legitimation das Verfahren der mittelbaren, repräsentativen
Demokratie. In diesem Sinne ist das GG unzweifelhaft demokratisch voll
legitimiert, weil der Parlamentarische Rat seinerseits demokratisch legitimiert war, weil die ehemalige (erste freigewählte) Volkskammer der DDR
demokratisch legitimiert war und weil der Bundestag bei seiner Entscheidung, das GG gemäß Art. 23 S. 2 GG auf dem Gebiet der ehemaligen
DDR bzw. in den neuen Bundesländern in Kraft zu setzen, ebenfalls
demokratisch legitimiert war. Daß dieses Verfahren demokratischer Legitimation des GG als gesamtdeutsche Verfassung gleichsam stufenförmig
bzw. in unterschiedlichen zeitlichen Phasen erfolgt ist, ist rechtlich ohne
Belang; dies erklärt sich bekanntlich allein aus den unterschiedlichen
Phasen demokratischer Verfassungsgebung im geteilten und später wiedervereinigten Deutschland. Im übrigen offenbart auch der Blick in die
deutsche Verfassungsgeschichte, daß gerade die wenigen demokratischen

Verfassungen in der deutschen Geschichte nicht im Wege einer Volksabstimmung, sondern im Wege der repräsentativen Demokratie erarbeitet
und erlassen wurden (Paulskirchenverfassung, Weimarer Verfassung).

Im Zusammenhang mit dem neuen Art. 146 GG steht die Frage einer
Volksabstimmung ungeachtet dessen durchaus noch im Raum. Über die
problematische (Kompromiß-)Klausel in Art. 5 Einigungsvertrag, derzufolge auch die Frage „der Anwendung des Artikels 146 des Grundgesetzes
und in deren Rahmen einer Volksabstimmung" geprüft werden soll, wird
nach wie vor für eine – angeblich „das GG erst legitimierende" –
Volksabstimmung geworben. Indessen, eine solche Volksabstimmung
hätte jedenfalls keine konstitutive Bedeutung für die Geltung und für die
demokratische Legitimation des GG. Diese ist auf der Grundlage der
vorgenannten Akte repräsentativer Demokratie unbestreitbar gegeben.
Die Frage bleibt also nur, ob noch ein weiterer Akt von ausschließlich
deklaratorischer Bedeutung, nämlich eine entsprechende Volksabstimmung oder – wohl besser gesagt – eine Art Volksbefragung über das GG
durchgeführt werden soll. Diese Frage ist nach wie vor nicht entschieden.
Nach meiner Auffassung kann und wird es hierbei ausschließlich darum
gehen, ob man eine solche deklaratorische Volksbefragung aus politischen
Gründen will; denn rechtlich bedarf es ihrer nicht. Alle Änderungen des
GG, die derzeit erarbeitet und diskutiert werden, werden im üblichen
verfassungsmäßigen Verfassungsänderungsverfahren, d. h. durch Bundestag und Bundesrat mit jeweiliger Zwei-Drittel-Mehrheit entschieden und
erarbeitet. Dies gilt auch für die im folgenden im einzelnen darzustellende
Reform des GG nach Maßgabe der Empfehlungen der Gemeinsamen
Verfassungskommission von Bundestag und Bundesrat.

Daß im Zusammenhang mit der deutschen Einheit Verfassungsänderungen notwendig wurden, liegt auf der Hand – angefangen von der
Außerkraftsetzung des (nunmehr verbrauchten) Art. 23 GG bis hin zur
Änderung des Art. 146 GG und der Präambel. In diesem Sinne verfügte
der Einigungsvertrag eine ganze Reihe erster Verfassungsänderungen (vgl.
Art. 4), denen im übrigen schon der Staatsvertrag über die Schaffung einer
Währungs-, Wirtschafts- und Sozialunion vom 18. 5. 1990 (BGBl. II 537)
vorausging, der ebenfalls bereits maßgebende verfassungsrechtliche Vor-
wirkungen für die deutsche Einheit festlegte; namentlich die, daß die
damals noch bestehende ehemalige DDR sich schon ihrerseits auf die
maßgebenden grundgesetzlichen Wertentscheidungen verpflichtete. In
der ehemaligen DDR selbst fand eine durchaus lebendige Verfassungsdiskussion statt, die ihren Beginn in der Verfassungsarbeit einer Arbeits-
gruppe des sog. „Runden Tisches" fand, die noch am 16. 3. 1990, d. h.
zwei Tage vor der ersten demokratischen Volkskammerwahl, einen Verfassungsentwurf für die ehemalige DDR vorlegte, der inhaltlich wesent-

lich auch von einer ganzen Reihe äußerst engagierter Verfassungspolitiker aus dem Westen Deutschlands bestimmt war und der – in der weiteren bzw. gegebenen Verfassungsdiskussion – gern als „die Substanz dessen" bezeichnet wird, „was die DDR in den Prozeß der deutschen (Verfassungs-)Einheit an politischen Erfahrungen einzubringen habe" und was deshalb – in der einen oder anderen Form – „sich im GG wiederfinden müsse". Indessen, dieser Verfassungsentwurf des „Runden Tisches" scheiterte schon in der Volkskammer. Über das „Verfassungsgrundsätze-Gesetz" vom 17.6.1990 (DDR-GBl. I S.299) bekannte sich die Volkskammer der ehemaligen DDR bereits zu den Grundwerten des GG und bereitete damit schon den verfassungsrechtlichen Beitritt zum GG und damit dessen Rang als künftig gesamtdeutsche Verfassung vor.

Dennoch lebten jene Überlegungen des „Runden Tisches" auch in der weiteren Verfassungsdiskussion fort. Sie nahmen einerseits erheblichen Einfluß auf die Landesverfassungsgebungen in den neuen Bundesländern und sie fanden darüber hinaus – für die Diskussion des GG – ihren Niederschlag in dem, was von einem „Kuratorium für einen demokratisch verfaßten Bund deutscher Länder" als „Verfassungsentwurf für den Bund deutscher Länder vom 29.6.1991" vorgelegt wurde.

Ungeachtet aller dieser Entwicklungen und ihrer zum Teil auch kontroversen Vorstellungen oder Zielsetzungen blieb es jedoch bei der Grundentscheidung, daß das GG endgültige, legitime gesamtdeutsche Verfassung wurde. In Verfolg der gegebenen verfassungspolitischen Diskussion wurde lediglich in Art. 5 Einigungsvertrag vereinbart und festgelegt, daß die „gesetzgebenden Körperschaften des vereinten Deutschlands sich innerhalb von zwei Jahren mit den im Zusammenhang mit der deutschen Einigung aufgeworfenen Fragen zur Änderung oder Ergänzung des Grundgesetzes befassen", wobei es „insbesondere" um Fragen des Föderalismus (Stärkung der Länder), um die (erleichterte) Zusammenlegung der Länder Berlin und Brandenburg, „um Überlegungen zur Aufnahme von Staatszielbestimmungen in das Grundgesetz" sowie um die bereits vorstehend angesprochene Frage einer Volksabstimmung gemäß Art. 146 GG gehen sollte.

II. Aufgaben der Verfassungsreform – Die Gemeinsame Verfassungskommission von Bundestag und Bundesrat

In Vollzug dieser Entscheidung des Art. 5 Einigungsvertrag haben Bundestag und Bundesrat die Gemeinsame Verfassungskommission von Bundestag und Bundesrat mittels Beschlusses des Bundestages vom 28.11.1991 und mittels Beschlusses des Bundesrats vom 29.11.1991 eingesetzt (vgl. BT-Druckss. 12/1670 und BR-Drucks. 637/92). Diese

Kommission, die sich am 16. 1. 1992 konstituiert hat, setzt sich aus 64 Mitgliedern zusammen – 32 Mitgliedern des Bundestages und 32 Mitgliedern des Bundesrates (je 2 Mitglieder pro Bundesland). Mit dieser Entscheidung wurden alle entgegengesetzten Anträge oder Vorstellungen verworfen, die für die Einsetzung eines „Verfassungsrats" votiert hatten, der sich nicht nur aus Mitgliedern von Bundestag und Bundesrat zusammensetzen sollte und der damit bzw. wiederum jenes ursprüngliche Anliegen einer „möglichst anzustrebenden" Verfassungsneugebung artikulieren sollte. So forderte etwa die SPD-Bundestagsfraktion die „Einsetzung eines Verfassungsrates" „mit dem Ziele der Weiterentwicklung des Grundgesetzes zur Verfassung für das geeinte Deutschland" und so forderte die Gruppe Bündnis 90 / Die Grünen den „Verfassungsrat" unter dem Motto „Vom Grundgesetz zur gesamtdeutschen Verfassung". Alle diese Zielvorstellungen wurden jedoch mehrheitlich verworfen; und dies auch deshalb mit Recht, weil selbst von den Vertretern dieser Zielrichtungen im Grundsatz nie bezweifelt wurde, daß das GG sich außerordentlich bewährt habe und daß es demgemäß doch wohl vor allem (nur) darum gehen könne, das GG inhaltlich weiter zu entwickeln oder zu reformieren. An der prinzipiellen Bewährung des GG als maßgebender deutscher Verfassungsordnung bestand nie ein wirklich substantieller Zweifel – eine Feststellung, die selbst für jene Stimmen gilt, die im Ergebnis lieber eine neue Verfassung gesehen hätten. Dennoch, auch diese Stimmen orientierten sich – zumindest im Grundsätzlichen – durchweg am GG und seinen bewährten Vorgaben.

Die Gemeinsame Verfassungskommission von Bundestag und Bundesrat „soll" ihre Arbeiten am 31. 3. 1993 beendet haben (eine Frist, die inzwischen um einige Monate, d. h. bis Juli 1993, verlängert worden ist). Dies entspricht dem Auftrag des Art. 5 Einigungsvertrag und dies entspricht auch den verfassungspolitischen Notwendigkeiten, die Reformdiskussion über das GG nicht in eine – letztendlich nur verfassungspolitische Rechtsunsicherheit produzierende – Permanent-Verfassungsdebatte ausufern zu lassen.

Als verfassungspolitisches Organ stellt die Gemeinsamen Verfassungskommission ein Novum in der Geschichte der Bundesrepublik Deutschland dar. Dies gilt nicht nur für ihre intra-organschaftliche Struktur und Zusammensetzung als paritätisches Organ von Bundestag und Bundesrat, sondern dies gilt auch für ihren Auftrag und ihr Verfahren. Verfahrensrechtlich folgt die Gemeinsame Verfassungskommission zwar und prinzipiell der Geschäftsordnung des Deutschen Bundestags, andererseits unterscheidet sie sich von einem Bundestagsausschuß aber in grundlegender Weise. Denn sie operiert nicht auf der Grundlage bestimmter Weisungen bzw. konkreter Aufträge des Bundestagsplenums, sondern sie erfüllt ihren Auftrag über das Recht der „Selbstbefassung", d. h. sie entscheidet selbst darüber, welche verfassungsrechtlichen Reform- oder Änderungsvorhaben sie diskutieren und ggf. verabschieden will. Solche Verabschiedungen bedingen allerdings die Zwei-Drittel-Mehrheit, also schon im vorbereitenden Verfassungsänderungsverfahren die entsprechende Mehrheit, die für eine Verfassungsänderung in Bundestag und Bundesrat gemäß Art. 79 II GG erforderlich wäre. Andererseits verfügt die Gemeinsame Verfassungskommission lediglich über eine vorbereitende bzw. empfehlende Rolle; insoweit ähnelt ihr Status dem eines „Ausschusses".

Der Auftrag der Gemeinsamen Verfassungskommission gründet sich, wie erwähnt, auf Art. 5 Einigungsvertrag. Dies bedeutet, daß die Gemeinsame Verfassungskommission nicht den Auftrag oder die Befugnis besitzt, etwa eine neue Verfassung zu erarbeiten. Ihr Auftrag ist allein der, die von ihr als nötig angesehenen Verfassungsänderungen vorzuschlagen oder – in Kürze gesagt – eine entsprechend *konkrete Verfassungsreform* vorzubereiten. Daß die Gemeinsame Verfassungskommission hierbei thematisch nicht beschränkt ist, ergibt sich aus Art. 5 Einigungsvertrag, dessen Themenkatalog eindeutig nur beispielhaft gemeint ist. Vor allem aus dem Wort „insbesondere" ergibt sich, daß die Frage möglicher Verfassungsänderungen oder -reformen nicht etwa auf den dort ausdrücklich genannten Themenkatalog beschränkt ist. Deshalb hat die Gemeinsame Verfassungskommission ein entsprechendes „Selbstbefassungsrecht" für sich in Anspruch genommen und operiert auf dessen Grundlage in durchaus thematisch ausholender Weise. Dies ändert andererseits jedoch nichts daran, daß es ausschließlich um eine entsprechend konkrete Verfassungsreform, also nicht um eine Verfassungsneugebung oder eine Totalrevision des GG geht. Das GG hat sich wahrhaftig bewährt. Das GG ist die Verfassung, die den Deutschen das erste Mal in ihrer Geschichte eine stabile Demokratie und eine ebenso freiheitliche wie soziale Grundordnung beschert hat, wie sie nicht nur der deutschen Geschichte bisher unbekannt gewesen ist, sondern wie sie inzwischen auch im Ausland als vielfältig vorbildlich angesehen wird. Es ist kein Zufall, daß das GG in der internationalen Verfassungspolitik längst und vielfältig als Grundmuster oder gar Vorbild angesehen wird – als Vorbild nämlich für eine moderne demokratische sowie rechts- und sozialstaatliche Verfassungsgebung. Auch die aktuelle Reformdiskussion zeigt, daß das GG sich nahezu durchgehend in seinen Grundprinzipien und Grundinstrumentarien außerordentlich bewährt hat, daß zumindest kein grundlegender Reform- oder Änderungsbedarf besteht.

Wer den Themenkatalog freilich durchmustert, den die Gemeinsame Verfassungskommission sich als Diskussionsagenda vorgenommen hat, der könnte leicht zu einer entgegengesetzten Schlußfolgerung gelangen.

Indessen, eine solche entgegengesetzte Schlußfolgerung wäre ebenso falsch wie unberechtigt. Denn allein aus der Tatsache, daß eine breite Themenagenda als diskussionswürdig oder -bedürftig empfunden wird, folgt noch nicht das – gleichsam implizite – Änderungsvorhaben. Jede Verfassungsdiskussion ist und muß eine Debatte der kritischen Überprüfung ggf. auch mit dem Ziel sein, über eine solche Überprüfung zur erneuten Selbst-Vergewisserung einer geltenden Verfassungsordnung zu gelangen und damit auch einen Beitrag zur immanenten Kräftigung und Bestätigung eben jener Ordnung und des für ihre politische Akzeptanz ebenso unverzichtbaren Verfassungsbewußtseins zu gelangen. In diesem Sinne begreife ich die Arbeit der Gemeinsamen Verfassungskommission nicht nur als einen Prozeß konkreter Verfassungsreformen, sondern auch – und zumindest ebenso bedeutsam – als die Führung eines ebenso offenen wie kritisch-intensiven Verfassungsdiskurses, der seinerseits wiederum für die Kräftigung des Verfassungsbewußtseins und der grundsätzlichen Verfassungsakzeptanz im wiedervereinigten Deutschland von großer Bedeutung ist oder doch zumindest werden kann. Daß dieser Verfassungsdiskurs von der Öffentlichkeit auch wahrgenommen wird, ergibt sich z. B. daraus, daß die Gemeinsame Verfassungskommission bis zum Jahresende 1992 rund eine halbe Million an Zuschriften von Bürgern erhalten hat. Daß die Gemeinsame Verfassungskommission in der medienmäßigen Öffentlichkeit dagegen nicht so sehr intensiv wahrgenommen wird, mag demgegenüber verwundern. Über die Gründe hierfür mag man spekulieren. Indessen, beim Bürger ist die Botschaft von Verfassungsreform und Verfassungsdiskurs ganz offenkundig oder doch ungleich mehr angekommen.

Als „Beratungsgegenstände der Gemeinsamen Verfassungskommission" wurden – auf der Grundlage der jeweiligen Anmeldungen aus den Fraktionen – vor allem die folgenden Themenkomplexe eingebracht, angemeldet oder gemeinsam festgestellt: GG und Europa, Gesetzgebungskompetenzen und Gesetzgebungsverfahren im Bund-Länder-Verhältnis, Stärkung der kommunalen Selbstverwaltung, Staatsziele und Grundrechte (Umweltschutz, Minderheitenschutz, Schutz des Beschäftigungsstandes bzw. Recht auf Arbeit, Schutz ausreichenden Wohnraums bzw. Recht auf Wohnung, Bildung und Kultur als Staatsaufgabe, soziale Marktwirtschaft als Staatsziel, „Verantwortung für ein solidarisches und friedliches Zusammenleben der Völker", Grundrecht auf Datenschutz bzw. informationelle Selbstbestimmung, paritätische Mitbestimmung und Arbeitskampfrecht – namentlich Gewährleistung des Streikrechts bei Ausschluß des Aussperrungsrechts –, Ergänzung der Gleichberechtigungsgarantie des Art. 3 GG durch eine Art von „Gleichstellungs"-garantie, Schutz auch nicht-ehelicher Lebensgemeinschaften), Einführung des Plebiszits (Volksinitiative – Volksbegehren – Volksabstimmung), Änderungen im Parlamentsrecht (Untersuchungsausschüsse, Status der Opposition, Selbstauflösungsrercht des Bundestages, Verlängerung der Wahlperiode, Festsetzung der Abgeordnetendiäten durch eine unabhängige, vom Bundespräsidenten zu berufene Kommission), Verlängerung der Amtszeit des Bundespräsidenten auf 7 Jahre bei Ausschluß der Wiederwahl, allgemeines kommunales Ausländerwahlrecht, Fragen der internationalen Friedenssicherung und militärischen Verteidigung (Bundeswehreinsätze im Rahmen von UNO-Missionen, Verzicht auf ABC-Waffen, Verbot von Waffenexporten u. a.), Privatisierung von Luftverkehrsverwaltung, Bundesbahn und Bundespost, Änderungen im Verhältnis von Bundes- und Länderverwaltungen im Rahmen der Art. 83 ff GG, Neugliederung des Bundesgebietes, insbesondere des Raumes Berlin/Brandenburg, sowie auch die Frage einer Reform der Finanzverfassung – ein Thema allerdings, über dessen definitive Beratung in der Gemeinsamen Verfassungskommission noch nicht abschließend entschieden worden ist. Hinzu kommen schließlich sonstige aktuelle Verfassungsänderungen, wie etwa die Reform des Asylrechts, die auch in der Gemeinsamen Verfassungskommission beraten wird. Abschließend ist schließlich auf die Präambel des GG und auf das weitere Verfahren mit der Regelung des Art. 146 GG n. F. hinzuweisen. Alles in allem ein unbestreitbar breiter und sehr differenter Themenkatalog. Andererseits aber ein Themenkatalog, der, wie die bisherigen Beratungen gezeigt haben, keineswegs in allen Fällen aufgenommen worden ist, keineswegs in allen Fällen auch zu definitiven Änderungsanträgen geführt hat. Dies lag und liegt zum Teil daran, daß sich im Rahmen der Diskussion doch – zumindest mehrheitliche – Überzeugungen durchgesetzt haben, daß kein Änderungs- oder Reformbedarf besteht, oder daß man – trotz partiellen Änderungs- oder Reformwunsches – erkannte, daß die nötigen Mehrheiten für eine definitive Änderungsempfehlung in der Gemeinsamen Verfassungskommission nicht vorhanden sind und daß man deshalb entweder auf die Aufnahme des Themas verzichtete oder sich auf bloße Protokollerklärungen beschränkte.

III. Grundgesetz und Europäische Union

Der erste größere Themenkomplex, dessen sich die Gemeinsame Verfassungskommission angenommen hat, ist der des Verhältnisses von GG und europäischer Einigung bzw. Europäischer Union. Mit dem Vertragswerk von Maastricht ist bekanntlich der erste Schritt zur Europäischen Union, also zur auch politischen Einigung Europas, eingeleitet worden. Das GG bekennt sich zwar in seiner Präambel schon heute zu einem einigen Europa, verfügt aber über keine rechtlich umsetzbaren Regelungen für eine Europäische Union, d. h. für den grundlegenden Wechsel des nationalen Verfassungsstaates hinüber in die Dimension eines sich – prozeßhaft entwickelnden – supranationalen Verfassungsstaates Europäische Union. Demgemäß bedarf schon die Ratifikation dieses Vertragswerks von Maastricht einiger grundlegender Verfassungsänderungen. Folgerichtig hat die Gemeinsame Verfassungskommission eine ganze Reihe von Verfassungsänderungen erarbeitet und vorgeschlagen, die – mit nur geringfügiger Ergänzung oder Modifizierung – von Bundestag und Bundesrat aufgenommen und am 21. 12. 1992 in Kraft gesetzt wurden (BGBl. I S. 2086).

Die Gemeinsame Verfassungskommission ging hierbei vor allem davon aus, daß es für eine Europäische Union eines entsprechend verbindlichen Staatsziels zugunsten der europäischen Einigung bedarf und daß des weiteren für die notwendige Übertragung von Souveränitätsbefugnissen (Hoheitsrechten) auf eine solche Europäische Union eine ausdrückliche Verfassungsermächtigung geschaffen werden muß. Wo die EG – als vornehmlich noch „wirtschaftspolitischer Zweckverband *(H. P. Ipsen)* – als „zwischenstaatliche Einrichtung" im Sinne des Art. 24 I GG zu begreifen ist bzw. zu begreifen war, auf die nach dieser Verfassungsbestimmung durch einfaches Bundesgesetz Hoheitsrechte übertragen werden konnten bzw. können, dort gilt für eine Europäische Union grundlegend anderes. Denn zwischen einer politischen Union und einem „wirtschaftspolitischen Zweckverband" bestehen fundamentale Unterschiede, die sich auch darin äußern, daß eine Europäische Union sich zu einem Staatswesen eigenständiger Qualität entwickelt, daß es sich bei ihr also nicht mehr um eine „zwischenstaatliche", sondern um eine „eigenstaatliche Einrichtung" handelt – gleichgültig, welche konkrete Gestalt diese eines Tages besitzen wird, und ebenso gleichgültig, wie sich der entsprechende Prozeß zu dieser Europäischen Union konkret entwickeln wird. Wo die Bundesregierung in ihrer ursprünglichen Ratifikationsvorlage zum Vertragswerk von Maastricht noch davon ausging, daß auch für die Europäische Union Art. 24 I GG eine ausreichende Ermächtigung bereitstelle, dort war die Gemeinsame Verfassungskommission entgegengesetzter Auffassung; sie hielt eine gesonderte und neue Ermächtigungsgrundlage für erforderlich – eine Auffassung, die sich dann auch bei Bundestag, Bundesrat und Bundesregierung durchsetzte. Demgemäß empfahl die Gemeinsame Verfassungskommission vor allem einen neuen Art. 23 GG, d. h. einen neuen „Europa-Artikel", der sich zum Staatsziel der europäischen Einheit bekennt und der dieses Bekenntnis ganz bewußt an der Stelle im GG placierte, die zuvor das Staatsziel der deutschen Einheit aktualisierte.

Nach Art. 23 I 1 GG heißt es, daß „die Bundesrepublik Deutschland zur Verwirklichung eines vereinten Europas bei der Entwicklung der Europäischen Union mitwirkt, die demokratischen, rechtsstaatlichen, sozialen und föderativen Grundsätze und dem Grundsatz der Subsidiarität verpflichtet ist und einen diesem Grundgesetz im wesentlichen vergleichbaren Grundrechtsschutz gewährleistet". Mit dieser Bestimmung sieht sich zum einen das Staatsziel europäischer Einigung grundgesetzlich aufgenommen (sog. „Integrationsöffnungsklausel"), zum anderen sieht sich diese Europäische Union zugleich auf einige prinzipielle Verfassungsgrundsätze verpflichtet, die letztendlich schon in Art. 79 GG festgehalten sind, die im weiteren aber Bestandteil der Europäischen Union selbst und der ihr eines Tages beizugebenden eigenen Verfassungsordnung werden müssen. Nach Art. 23 I 2 GG kann der Bund auf diese Europäische Union „durch Gesetz mit Zustimmung des Bundesrates Hoheitsrechte übertragen". Auch hierin liegt eine wesentliche Neuerung gegenüber dem bisherigen Art. 24 I GG. Denn künftig können Hoheitsrechte auf die Europäische Union nur noch mit Zustimmung des Bundesrates übertragen werden – ganz unabhängig davon, ob das konkret betroffene Hoheitsrecht auf einer innerstaatlichen Kompetenz basiert, die in die Zuständigkeit des Bundes oder in die der Länder fällt. Hierin liegt ein wesentlicher Kompetenzgewinn zugunsten der Bundesländer – ein Kompetenzgewinn, zu dem sich die Gemeinsame Verfassungskommission aber vor allem deshalb verstand, weil sie davon ausging, daß mit einer Europäischen Union in jedem Falle ein derart evidenter Qualitätssprung im europäischen Integrationsprozeß verbunden ist, daß in aller Regel jede Hoheitsrechtsübertragung bzw. jeder nationale Souveränitätsverzicht substantielle Auswirkungen nicht nur auf den Bund, sondern auch auf die Länder haben wird. Aus den gleichen Gründen verfügt schließlich Art. 23 I 3 GG, daß für die Begründung der Europäischen Union und für verfassungsrelevante Änderungen oder Ergänzungen ihrer vertraglichen Grundlagen jedenfalls die (verfassungsändernde) Zwei-Drittel-Mehrheit von Bundestag und Bundesrat notwendig ist; die Gemeinsame Verfassungskommission wollte zumindest für den Prozeß der politischen Einigung Europas die – im Rahmen des Art. 24 I GG partiell geduldete – faktische „Verfassungsdurchbrechung" grundsätzlich ausgeschlossen wissen.

Im Zusammenhang mit der europäischen Einigung bedarf es aus der Sicht der Gemeinsame Verfassungskommission ebenso der Stärkung des Föderalismus wie der Stärkung des Bundestages im Verhältnis zur Exekutive (Bundesregierung). Hinsichtlich der Bundesländer haben sich gerade im Verhältnis von Bund und EG zunehmend zentralisierende Zuständigkeitsverlagerungen ergeben, die weitgehend auch zu Lasten der Länder ausgefallen sind. Aus diesem Grunde werden nach Art. 23 II–VII GG die

Länder am Prozeß der europäischen Einigung künftig unmittelbar beteiligt, ohne daß allerdings die Grundzuständigkeit des Bundes für auswärtige Angelegenheiten in Frage gestellt werden soll. Andererseits ist bei alledem zu beachten, daß sich der Prozeß der europäischen Einigung längst zu einer Form „europäischer Innenpolitik" entwickelt hat, auf die die Kategorien der klassischen „auswärtigen Gewalt" nicht mehr voll oder doch nur noch teilweise passen.

Aus diesem Grunde enthält der neue Art. 23 GG eine ganze Reihe von Beteiligungs- und Mitwirkungsbefugnissen der Bundesländer im Rahmen der (weiteren) europäischen Einigung bzw. beim Ausbau der Europäischen Union. Diese Beteiligungen der Länder – wahrgenommen über den Bundesrat – sind freilich im einzelnen nicht ohne Komplikationen und deshalb waren sie auch durchaus umstritten; zum einen, weil sie manchem als zu komliziert erschienen, zum anderen, weil sie manchem die Rechte des Bundes, d. h. die Rechte von Bundestag und Bundesregierung, allzusehr zu beschränken schienen. Letzteres ist unter den Aspekten eines Denkens in den „klassischen" Kategorien der „Außenpolitik" durchaus verständlich. Andererseits mußte jedoch gesehen und anerkannt werden, daß der Prozeß der europäischen Einigung sich eben längst auch in die Kernbereiche der bundesstaatlich-internen „Innenpolitik" bzw. bundesstaatlich internen Kompetenzverteilung hineinbewegt hat bzw. auch hier längst zu grundlegenden Kompetenzverschiebungen oder -veränderungen – wesentlich zu Lasten der Länder – geführt hat. Deshalb erschien es notwendig, daß die Bundesländer über den Bundesrat künftig unmittelbar an der weiteren Integrationspolitik teilnehmen können bzw. daß den Bundesländern über eine solche Teilnahme nicht nur die integrationspolitisch-unmittelbare Möglichkeit eröffnet wird, auch ihre eigenen Interessen im Prozeß der europäischen Einigung zu artikulieren, sondern daß ihnen darüber hinaus auch ein gewisses Maß an Kompensation für die eigenen Kompetenzverluste zuerkannt wird. Mit den neuen Regelungen über die Beteiligung des Bundesrates in Angelegenheiten der Europäischen Union war dennoch verfassungspolitisches Neuland zu betreten. Es ging um eine recht schwierige Gratwanderung. Denn eines blieb und bleibt unbestreitbar: nämlich die Tatsache und das Erfordernis, daß die Bundesrepublik Deutschland im Rahmen der europäischen Einigung bzw. in den Institutionen der Europäischen Union auch künftig mit grundsätzlich einer Zunge sprechen und auftreten muß. Alles andere implizierte ein Stück Aufgabe von Bundesstaatlichekeit bzw. gar ein Stück an Rückkehr zum Staatenbund, wie er dem Bundesstaat der Bundesrepublik Deutschland gerade nicht gemäß ist und wie er auch unter den grundlegend veränderten Rahmenbedingungen eines politischen Einigungsprozesses in Europa erst recht nicht zu rechtfertigen wäre. Immerhin, im Ergebnis muß der neue Art. 23 GG als ein einigermaßen tragfähiger und vernünftiger Kompromiß begriffen werden, der ebenso den föderativen Interessen der Bundesländer wie den zentralen Handlungsmöglichkeiten und gesamtstaatlichen Politikinteressen des Bundes gerecht zu werden vermag.

Parallel zur Stärkung des Bundesrates ging es der Gemeinsamen Verfassungskommission auch um die Stärkung des Bundestages. Denn gerade angesichts der ausgeprägten demokratischen Defizite innerhalb der EG bzw. auch der Europäischen Union und angesichts des erneuten Machtzuwachses der exekutivischen Instanzen in Brüssel ging es dem Bundestag entscheidend darum, im Verhältnis zur Bundesregierung bzw. über deren Mitwirkung in den Organen der Europäischen Union ein höheres Maß an Beteiligung gewährleistet zu erhalten, als dies bisher der Fall gewesen ist. Demgemäß bestimmt Art. 23 III GG, daß die Bundesregierung dem Bundestag die Gelegenheit zur Stellungnahme vor ihrer Mitwirkung an Rechtsetzungsakten der Europäischen Union gibt und daß die Bundesregierung diese Stellungnahmen bei ihren Verhandlungen zu berücksichtigen hat.

Im Zusammenhang mit diesen grundlegenden Neuregelungen im neuen Art. 23 GG wurden noch eine ganze Reihe weiterer Verfassungsänderungen erarbeitet, die teilweise auf der Grundlage der Ratifikationserfordernisse des Vertrags von Maastricht notwendig waren, teilweise aber auch über diese Erfordernisse hinausreichten: Die Regelung des Art. 24 GG erhielt einen neuen Abs. 1 a, der künftig auch den Ländern das Recht zur Übertragung von Hoheitsrechten einräumt, soweit es um die Kooperation in „grenznachbarschaftlichen Einrichtungen" geht – eine wesentliche integrationspolitische Stärkung der Länder, die auch im allgemeineren Kontext eines (künftigen) „Europas der Regionen" zu sehen ist. In Art. 28 I GG wurde die Möglichkeit des kommunalen Ausländerwahlrechts für Unionsbürger eingeführt (neuer S. 3). In Art. 88 GG wurde ein Vorbehalt zugunsten der Europäischen Zentralbank aufgenommen, die zu entsprechenden Kompetenzminderungen für die Bundesbank führen kann (neuer S. 2). Über einen neuen Art. 45 GG wurde für den Bundestag ein „Ausschuß für die Angelegenheiten der Europäischen Union" institutionell vorgesehen, der sogar – wie ein partieller „Hauptausschuß" – durch den Bundestag ermächtigt werden kann, für dessen Plenum die Rechte gemäß Art. 23 GG der Bundesregierung gegenüber (konstitutiv) wahrzunehmen. Ähnliches sieht für den Bundesrat der neue Art. 52 III a GG vor (Europakammer des Bundesrats). Von schließlich mehr redaktioneller Bedeutung sind die Verfassungsänderungen im Rahmen des Art. 50 und des Art. 115 e II 2 GG.

IV. Reformen im Föderalismus

Der zweite große Themenkomplex, den die Gemeinsame Verfassungskommission bereits abgeschlossen hat, ist der der Gesetzgebungszuständigkeiten und des Gesetzgebungsverfahrens im Bundesstaat. Neben einigen mehr verfahrenstechnischen Ergänzungen oder Änderungen im
Bereich der Art. 76 ff GG ging es vor allem um die Reparatur jener
evidenten Kompetenzverluste, die die Länder im Verhältnis zum Bund
gerade auf dem Gebiet der Gesetzgebung in den vergangenen Jahrzehnten
erlitten haben. Der vom GG seinerzeit in Art. 70 aufgestellte Regelsatz,
daß grundsätzlich die Länder gesetzgebungsbefugt sind und der Bund dies
nur im Ausnahmefall sein soll, sieht sich in der Verfassungswirklichkeit
seit langem in sein buchstäbliches Gegenteil umgekehrt. Heute liegt das
reale Schwergewicht der Gesetzgebung beim Bund; die Länder verfügen
nur noch in Randbereichen über substantielle Gesetzgebungsbefugnisse
(Teile der Kulturhoheit, Polizeirecht, regionale Wirtschaftspolitik, kom-
munale Selbstverwaltung). Aus diesem Grunde hat die Gemeinsame
Verfassungskommission vor allem im Bereich der Gesetzgebungszuständigkeiten nach Regelungen gesucht, die die Zuständigkeiten der Länder
wieder stärken und den Landtagen wieder mehr die Rolle substantieller
Legislativorgane verschaffen können. Die wichtigste Reform liegt hierbei
in der Änderung des Art. 72 II GG, der die Voraussetzungen für bundesgesetzliche Regelungen im Rahmen der konkurrierenden Gesetzgebung
sowie im Bereich der Rahmengesetzgebung benennt. Nach der ursprünglichen (und noch geltenden) Regelung des Art. 72 II GG hat der Bund „in
diesem Bereiche das Gesetzgebungsrecht, soweit ein Bedürfnis nach
bundesgesetzlicher Regelung besteht", namentlich weil es um „die Wahrung der Rechts- oder Wirtschaftseinheit", „die Wahrung der Einheitlich-
keit der Lebensverhältnisse" geht (siehe Abs. 2 Ziff. 3). Diese sog.
„Bedürfnisklausel" ist durchaus sachgerecht, weil sie in der Tat qualitative
Voraussetzungen an die Begründung einer Gesetzgebungszuständigkeit
des Bundes im Rahmen der Kompetenzfelder aus Art. 74, 75 GG anlegt.
Dennoch hat sich diese „Bedürfnisklausel" in der Verfassungswirklichkeit
zum bloßen Schein verwandelt, wobei die Rechtsprechung des BVerfG
hieran nicht unschuldig ist. Denn das BVerfG hat diese „Bedürfnisklausel" als rein politische Ermessensklausel zugunsten des Bundes verstanden
(vgl. z. B. BVerfGE 2, 213/224 f; 33, 224/229), wodurch jene Klausel, die
eigentlich die Gesetzgebungsbefugnisse der Länder vor einem Übermaß
an Bundeszuständigkeiten bewahren sollte, zum schlichten Schein geworden ist, das expansive Maß der Bundesgesetzgebung gerade in diesen
inhaltlich-zentralen Kompetenzfeldern der konkurrierenden Gesetzgebung also nicht etwa verhindert, sondern erst ermöglicht und in der

laufenden Praxis stets aufs Neue verfestigt hat. Hier bedarf und bedurfte
es der Reform. Die „Bedürfnisklausel" muß wieder zu einer wirklichen
Bedürfnisregelung werden, was über die von der Gemeinsamen Verfassungskommission inzwischen vorgelegte Empfehlung einer Neufassung
des Art. 72 II GG gelingen soll. Hiernach heißt es jetzt, daß „der Bund in
diesem Bereich das Gesetzgebungsrecht hat, wenn und soweit die Herstellung gleichwertiger Lebensverhältnisse im Bundesgebiet oder die
Wahrung der Rechtseinheit im gesamtstaatlichen Interesse eine bundesgesetzliche Regelung erforderlich macht". Zugleich ist Art. 72 I GG dahingehend präzisiert worden, daß die Länder im Bereich der konkurrierenden Gesetzgebung das Recht zur Gesetzgebung haben, „solange und
soweit der Bund von seiner Gesetzgebungszuständigkeit nicht durch
Gesetz Gebrauch gemacht hat". Durch den Zusatz „nicht durch Gesetz"
ist namentlich klargestellt worden, daß der Bund nicht abstrakte Kompe-
tenzsperren gegenüber den Ländern errichten kann, sondern daß dies nur
im Zuge einer konkret-gegenstandsbezogenen Gesetzesregelung gesche-
hen darf. Die „Bedürfnisklausel" des Art. 72 II GG sieht sich jetzt
konzentrierter gegenüber der bisherigen Fassung angelegt und durch das
Wort „erforderlich" auch tatbestandlich noch ungleich schärfer gefaßt, als
dies bisher der Fall war. Dennoch ist unbestreitbar, daß über die Begriffe
der „Herstellung gleichwertiger Lebensverhältnisse" und die „Wahrung
der Rechtseinheit im gesamtstaatlichen Interesse" Art. 72 II GG auch
künftig sehr unbestimmte und in hohem Maße konkretisierungsbedürf-
tige Rechtsbegriffe enthalten wird, was aber angesichts der hohen Dynamik der Lebensverhältnisse gerade in gesetzgeberischen Kompetenzfeldern unvermeidbar erscheint. Dennoch soll zugunsten der Länder eine
wirksamere Kompetenzsperre gegenüber dem Bund als bisher statuiert
werden. Aus diesem Grunde sieht sich die Neuregelung des Art. 72 II GG
auch durch eine neue Bestimmung im Rahmen des Art. 93 I GG ergänzt,
derzufolge das BVerfG über „Meinungsverschiedenheiten, ob ein Gesetz
den Voraussetzungen des Artikels 72 Abs. 2 entspricht, auf Antrag des
Bundesrates, einer Landesregierung oder der Volksvertretung eines Landes entscheidet" (neue Ziff. 2 a). Über die Einführung dieser neuen Klage,
die systematisch etwa zwischen der abstrakten Normenkontrolle, dem
Organstreit und dem Bund-Länder-Streit ressortiert, soll gewährleistet
werden, daß das BVerfG künftig auch in der Sache über das Vorliegen der
tatbestandlichen Voraussetzungen des Art. 72 II GG entscheidet, sich also
nicht weiter auf die schlichte These von der politischen Ermessensklausel
zugunsten des Bundes zurückzieht. Von besonderer Bedeutung ist hierbei
auch der Umstand, daß dieses Klagerecht vor dem BVerfG – erstmalig in
bundesverfassungsrechtlichen Streitigkeiten überhaupt – auch zugunsten
der Landtage (Volksvertretungen der Länder) eingeführt werden soll.

Innerhalb des Kataloges der konkurrierenden Gesetzgebungszuständigkeiten gemäß Art. 74 GG sind sowohl zugunsten der Länder als auch
zugunsten des Bundes Änderungen empfohlen worden: Die Kompetenz
zum „Schutz deutschen Kulturgutes gegen Abwanderung in das Ausland"
(Art. 74 Nr. 5 GG) ist – der Priorität der Länder im Bereich der Kulturhoheit gemäß – in die Rahmengesetzgebung des Bundes gemäß Art. 75 I
Nr. 7 GG (neu) überführt worden. Die konkurrierende Gesetzgebungszuständigkeit gemäß Art. 74 Nr. 8 GG (Staatsangehörigkeit in den Ländern) soll entfallen. Innerhalb der Zuständigkeit gemäß Art. 74 Nr. 18 GG
zum Grundstücks-, Boden- und Wohnungsrecht soll das Recht der
Erschließungsbeiträge künftig in die ausschließliche Gesetzgebungszuständigkeit der Länder überwechseln. Neu wurden in den Katalog des
Art. 74 (I) GG die Staatshaftung (neue Ziff. 25 mit der Maßgabe, daß
Gesetze zur Staatshaftung der Zustimmung des Bundesrates bedürfen;
neuer Art. 74 II GG) und „die künstliche Befruchtung beim Menschen
sowie die Untersuchung und die künstliche Veränderung von Erbinformationen sowie Regelungen zur Transplantation von Organen und
Geweben" (neue Ziff. 26) aufgenommen. Mit den beiden zuletzt genannten Kompetenzen sind wichtige Felder aufgenommen worden, in denen in
der Tat bundeseinheitliche, also bundesgesetzliche Regelungen ermöglicht
werden müssen; dies ist auch von der Bundesratsseite in der Gemeinsamen Verfassungskommission mehrheitlich anerkannt worden.

Die Rahmengesetzgebung gemäß Art. 75 GG ist auch strukturell in
recht grundlegender Art – zugunsten der Länder – verändert worden.
Denn gemäß Art. 75 II GG n. F. „dürfen Rahmenvorschriften nur in
Ausnahmefällen in Einzelheiten gehende oder unmittelbar geltende Regelungen enthalten". Dies bedeutet, daß die Rahmengesetzgebung sich in
Wahrheit und im Grundsatz zu einer Richtliniengesetzgebung entwickelt,
innerhalb derer grundsätzlich erst von den Ländern die maßgebende,
normativ mit Außenwirkung begabte Regelung erlassen wird. Folgerichtig formuliert Art. 75 III GG n. F.: „Erläßt der Bund Rahmenvorschriften, so sind die Länder verpflichtet, innerhalb einer durch das Gesetz
bestimmten angemessenen Frist die erforderlichen Landesgesetze zu erlassen".

Innerhalb der Kompetenzfelder gemäß Art. 75 I GG ist die Zuständigkeit gemäß Art. 75 I Ziff. 1 a GG (Hochschulwesen) eingeschränkt worden – mit der Konsequenz, daß namentlich die allgemeine Struktur der
Hochschulen (wieder) in die ausschließliche Zuständigkeit der Länder
zurückfällt. Die Zuständigkeit gemäß Art. 75 I Ziff. 2 GG ist auf „die
allgemeinen Rechtsverhältnisse der Presse" beschränkt worden; der
Bereich der „allgemeinen Rechtsverhältnisse des Films" soll künftig in der
ausschließlichen Zuständigkeit der Länder stehen.

Sehr umstritten waren auch manche andere Kompetenzgegenstände; so ging es etwa um die Frage, ob nicht das Versammlungsrecht – als partielles Polizeirecht – in die Zuständigkeit der Länder oder doch wenigstens in die bloße Rahmengesetzgebung des Bundes überführt werden sollte. Für diesen Vorschlag wie für andere Änderungswünsche ergab sich jedoch keine hinreichende Mehrheit.

Weitere grundlegende Reformanliegen im Bereich des Föderalismus liegen in den Feldern der grundgesetzlichen Finanzverfassung (Art. 104 a ff GG) und im Rahmen der Neugliederung des Bundesgebiets (Art. 29 GG). Nach dem Einigungsvertrag treten die neuen Bundesländer erst ab 1. 1. 1995 in das System der grundgesetzlichen Finanzverfassung in vollem Umfange ein. Angesichts der großen wirtschaftlichen, sozialen und finanziellen Unterschiedlichkeiten zwischen den alten und den neuen Bundesländern ist unschwer zu erkennen, vor welchen durchgreifenden Reformproblemen wir hier stehen – Probleme allerdings, von denen heute noch nicht geklärt ist, ob sie von der Gemeinsamen Verfassungskommission tatsächlich aufgenommen werden sollen bzw. können. Wesentlich ist bei alledem aber schon die Einsicht, daß das System der grundgeseztlichen Finanzverfassung sich vor allem im Teilbereich des Länderfinanzausgleichs schon in der alten Bundesrepublik als längst reformbedürftig erwiesen hatte. Denn schon innerhalb des Finanzausgleichs der alten Bundesländer gab es ein evidentes Ungleichgewicht; so gab und gibt es im Grunde schon seit Jahrzehnten nur zwei zahlende Länder („Geberländer"), nämlich Baden-Württemberg und Hessen; alle anderen Länder sind empfangende oder „Nehmerländer". Würden die neuen Bundesländer schon heute am Länderfinanzausgleich teilnehmen, so würde sich nicht nur das Gesamtvolumen des Finanzausgleichs gewaltig erhöhen, sondern es würden sich überdies auch erhebliche Verschiebungen innerhalb der gebenden wie der nehmenden Länder ergeben. Die neuen Bundesländer würden naturgemäß sämtlich „Nehmerländer", unter den alten Bundesländern blieben dies nur Bremen und das Saarland. Schon dies macht deutlich, vor welchen grundlegenden Veränderungen das System des Länderfinanzausgleichs steht. Ob es im Rahmen dieser realen Veränderungen allerdings auch verfassungsrechtlicher Änderungen im Rahmen der Vorschriften der Art. 104 a ff GG bedarf, ist noch offen. Nach meiner persönlichen Auffassung spricht vieles dafür, hier eine Überprüfung von Grund auf vorzunehmen. Eine solche Überprüfung kann allerdings nicht ausschließlich von einer Verfassungskommission vorgenommen werden, sie muß in ganz entscheidender Weise auch von finanzwissenschaftlicher und finanzpolitischer Seite her durchgeführt bzw. zumindest begleitet werden.

Ganz ähnliche Überprüfungserfordernisse stellen sich m. E. im Rahmen der Gemeinschaftsaufgaben gemäß Art. 91 a, 91 b GG sowie im

Bereich der kommunalen Selbstverwaltung, die gerade im Bereich der Finanzhoheit und der auf diese gegründeten Eigenverantwortlichkeit gestärkt werden sollte (Votum für eine entsprechende Ergänzung im Rahmen der Selbstverwaltungsgarantie des Art. 28 II GG).

Auch die Frage einer Neugliederung des Bundesgebiets steht im weiteren Zusammenhang mit den Problemen der Finanzverfassung. Obwohl schon der Parlamentarische Rat seinerzeit von der grundsätzlichen Notwendigkeit einer solchen Neugliederung für das alte Bundesgebiet ausging, ist es in der alten Bundesrepublik nie zu einer substantiellen Neugliederung gekommen; der entsprechende Verfassungsauftrag des Art. 29 GG wurde vielmehr durch dessen Änderung im Jahre 1976 praktisch aufgehoben bzw. inhaltlich total verwässert. Dies mag für die alte Bundesrepublik hinnehmbar gewesen sein; unter den Aspekten von nunmehr 16 Bundesländern äußerst unterschiedlicher Größe, Finanz- und Leistungskraft dürfte jedoch wesentlich anderes, wenn nicht überhaupt Gegenteiliges gelten. Dennoch erscheint es außerordentlich zweifelhaft, ob eine Rückkehr zum verbindlichen Neugliederungsauftrag politisch durchzusetzen wäre. Immerhin, schon der Einigungsvertrag gibt uns in seinem Art. 5 auf, für die Vereinigung der Länder Berlin und Brandenburg erleichterte Voraussetzungen zu schaffen. Diese werden – dem Wunsch Berlins und Brandenburgs gemäß – in der Eröffnung einer staatsvertraglichen Lösung liegen. (Zusammenschluß durch Staatsvertrag zuzüglich Volksabstimmung). In diesem Regelungsmodell könnte aber zugleich der Grundansatz für allgemeinere Erleichterungen zur Neugliederung liegen: nämlich in der Richtung, daß Neugliederungsmaßnahmen nicht nur, wie derzeit vorgesehen, durch Bundesgesetz, sondern auch durch Staatsvertrag der beteiligten Länder – jeweils zuzüglich entsprechender Volksabstimmungen – durchgeführt werden können. Daß auf der anderen Seite nicht ausschließlich auf ländereigene Maßnahmen, also entsprechende Staatsverträge, abgestellt werden kann, daß es vielmehr auch einer Beteiligung des Bundes bei Neugliederungsmaßnahmen jedenfalls von größerer oder gar strukturverändernder Qualität für den ganzen Bundesstaat bedarf, liegt im Wesen der bundesstaatlichen Gesamtordnung einbeschlossen. Deshalb wird hier auch darüber zu diskutieren sein, ob neben die – m. E. definitiv anzuerkennende – Möglichkeit der Neugliederung durch Staatsvertrag auch eine Beteiligung des Bundes, ggf. von einer bestimmten Anzahl neugliederungsbeteiligter Länder an, vorgesehen wird (ggf. Vorbehalt der gesetzgeberischen Zustimmung von Bundestag und Bundesrat).

Auf der Themenagenda der Gemeinsamen Verfassungskommission steht schließlich auch die Überprüfung der Bestimmungen der Art. 83 ff GG, d. h. der maßgebenden Bestimmungen über den Vollzug der Bundes-

gesetze und die Bundesverwaltung. Hier wird vor allem von den Bundesländern manches an Änderungen gefordert; so etwa dahingehend, daß die
Einrichtung von bundeseigenen Behörden oder Verwaltungen künftig nur
mit Zustimmung des Bundesrates statthaft sein soll. Des weiteren wird
etwa für den bereich der Sozialversicherung gemäß Art. 87 II GG die
Möglichkeit der Regionalisierung postuliert. Über Letzteres ist sicherlich
zu diskutieren; jedenfalls dann, wenn mindestens drei Bundesländer an
einem entsprechenden Organisationskomplex beteiligt sind. Der sehr viel
weitergehenden Forderung der Länder, die Einrichtung von bundeseigenen Verwaltungen oder Behörden künftig definitiv an die Zustimmung
des Bundesrates zu binden, ist dagegen m. E. nicht zu folgen. Denn dies
würde in der Konsequenz bedeuten, daß der Bund über keine eigenstän-
dige Organisationskompetenz in der Exekutive mehr verfügen würde.
Schon nach der heutigen bundesstaatlichen Kompetenzverteilung liegt das
Schwergewicht der exekutivischen Zuständigkeiten bei den Ländern –
und dies aus gutem Grund (Prinzip der nicht nur horizontalen, sondern
auch vertikalen Gewaltenteilung im Bundesstaat). Im Sinne eines ausge-
wogenen Miteinanders von Bundes- und Länderzuständigkeiten muß es
andererseits aber zumindest bei einem Mindestbestand originärer Verwal-
tungszuständigkeiten des Bundes bleiben – eine Forderung, die bei
Akzeptanz jener Länderforderung nicht mehr erfüllbar wäre.

V. Neue Staatszielbestimmungen?

Neben den vorstehend dargestellten Komplexen der europäischen Einigung und des Föderalismus stehen die beiden anderen großen Komplexe
der neuen Staatszielbestimmungen (u. ggf. Grundrechte) einerseits und
der Plebiszite andererseits. Beide Komplexe sind außerordentlich umstritten, beide Komplexe rühren an die Grundstruktur des GG in seiner
gegebenen Gestalt.

Konkrete Verfassungsreform kann grundsätzlich nur bedeuten, daß das
GG in seiner prinzipiellen Grundstruktur und verfassungspolitischen
Grundmethodik unberührt bleibt, daß also Änderungen nur dort vorgenommen werden, wo dies in der richtigen Balance von Kontinuität bzw.
Bewahrung des Bewährten und der Anerkennung sowie Veränderung nur
des als notwendig für die Zukunftsgestaltung Erkannten geschieht. Bei-
dem freilich gerecht zu werden, fordert häufig schwierige Gratwanderun-
gen, wie auch die aktuelle Diskussion in der Gemeinsamen Verfassungskommission beweist. Das GG selbst hatte sich noch als eine ebenso
sparsame und offene wie in allen Grundentscheidungen außerordentlich
stringente Ordnung verstanden. In allen sozio-ökonomischen wie sozio-
kulturellen Fragen hielt sich das GG weitgehend zurück, verstand es sich

bewußt als eine der Verfassungswirklichkeit bzw. politischen Realität gegenüber wesentlich „offene Ordnung", woraus jenes außerordentliche Maß an Flexibilität und politischer Gestaltungs- wie Reaktionsfähigkeit des gegebenen Verfassungsrechts resultierte.

Am deutlichsten wurde dies an der lange ebenso heiß wie unnötig umstrittenen Frage nach einer „grundgesetzlichen Wirtschaftsverfassung" wie an der Frage der Auslegung des Sozialstaatsprinzips (Art. 20 I/28 I GG). Lange Zeit versuchte man bekanntlich, das GG auf eine „Wirtschaftsverfassung" im Sinne eines ordnungspolitisch geschlossenen Systems, namentlich auf das der „sozialen Marktwirtschaft", festzulegen. Ebensolange hat das BVerfG allen Versuchungen dieser oder ähnlicher Art widerstanden und das GG als unverändert „wirtschaftspolitisch neutral" oder „offen" erklärt. Dem ist inzwischen auch die herrschende Meinung in der Staatsrechtslehre gefolgt – und dies unbestreitbar mit Recht. Denn gerade Fragen der Wirtschaftspolitik sind außerordentlich situationsverhaftet; gerade Wirtschaftspolitik muß auf die permanente Dynamik und Wandlungsfähigkeit aller ökonomischen Entwicklungsprozesse mit der nötigen Flexibilität reagieren bzw. reagieren können und darf gerade deshalb nicht schon von Verfassungs wegen auf bestimmte ordnungspolitische Vorabentscheidungen fixiert werden. Die heutige Wirtschaftsordnung der Bundesrepublik Deutschland ist die der „sozialen Marktwirtschaft"; dies aber unter Einschluß eines hohen Maßes an gesetzgeberisch-politischer Entscheidungsfreiheit. Das GG hat hier das genau richtige Maß gesetzt, indem es einerseits die Grundpfeiler einer „sozialen Marktwirtschaft" über die wirtschaftlichen Freiheitsrechte namentlich aus Art. 12, 14, 2 I GG und über das Sozialstaatsprinzip gesetzt hat, andererseits aber eben jeder Versuchung widerstanden hat, eine bestimmte Wirtschaftsverfassung auch abstrakt festzulegen. So ist es gelungen, auf der Verfassungsebene für das nötige Maß an Offenheit „in die Zeit hinein" zu sorgen und damit zugleich die Verfassung selbst auch für sich wandelnde Lebensverhältnisse und Ordnungsprobleme zu rüsten oder reaktionsfähig zu halten.

Entsprechendes gilt für die Sozialpolitik, die sich vor allem auf das Sozialstaatsprinzip gründet. Dieses formuliert zwar einen verbindlichen Sicherungs- und Gestaltungsauftrag, hat es aber gerade und schon von Verfassungs wegen strikt vermieden, bestimmte (konkrete) sozialpolitische Gestaltungsprogramme vorab vorzugeben. Das Sozialstaatsprinzip begreift sich vielmehr als ein „permanenter Konkretisierungsauftrag", adressiert namentlich an den Gesetzgeber, und ist vor allem über die Gesetzgebung immer wieder neu anhand der wechselnden, konkreten Situationen oder Bedarfslagen in der gesellschaftlichen Realität zu aktualisieren. Dieses offene „gesellschaftspolitische Modell" des GG hat sich außerordentlich bewährt. Es hat auf der einen Seite für das nötige Maß an normativer Stringenz und auf der anderen Seite für das ebenso notwendige Maß an entwicklungspolitischer Offenheit wie Gestaltungsfähigkeit gesorgt. Dies alles sieht sich aufs Spiel gesetzt, wenn man dieses Grundsystem einer wesentlich offenen Gesellschaftsverfassung aufsprengt, wenn man die bisher so gut funktionierenden Balancen zwischen bürgerlichen Freiheitsrechten bzw. gesellschaftlich-politischer Autonomie einerseits und sozial- und wirtschaftspolitischen Steuerungsbefugnissen des Staates andererseits in evidenter Weise verschieben bzw. schon das GG selbst mit Forderungen oder Ansprüchen auf bestimmte „sozio-ökonomische" Programmatiken belasten wollte.

Eben diese Gefahren sind jedoch außerordentlich akut geworden. Vor allem durch die Forderung nach Aufnahme bestimmter „sozialer" Grundrechte oder Staatszielbestimmungen droht an die Stelle der bisherigen und strukturell so bewährten gesellschaftspolitischen Offenheit des GG eine fundamental veränderte Verfassungsstruktur zu treten, die man auch mit der ebenso utopischen wie mehr oder weniger kosmetischen „Suche nach einer sozio-ökonomischen Identität" umschrieben hat (Graf Vitzthum). So sollen in das Grundgesetz Staatszielbestimmungen auf „Schaffung und Erhaltung von angemessenem Wohnraum", auf „Schaffung und Erhaltung von Arbeitsplätzen", auf Gewährleistung „eines Systems der sozialen Sicherheit", auf Gewährleistung der „Gesundheit", der „Bildung" usw. treten. Hierbei wird zur Rechtfertigung gern davon gesprochen, daß es heute darum gehen müsse, das Sozialstaatsprinzip „auch verfassungsrechtlich zu konkretisieren" oder „zu präzisieren". Von anderen werden weniger sozialpolitische Forderungen dieser oder ähnlicher Richtung aufgestellt; von ihnen wird stattdessen für die Aufnahme eines Staatsziels „Soziale Marktwirtschaft" bzw. die abstrakt-normative Verankerung einer solchen (geschlossenen) „Wirtschaftsverfassung" im GG plädiert. Alle Forderungen oder Vorschläge dieser oder ähnlicher Art drohen indessen, die normative Stringenz des GG, die gerade von dessen eigener gesellschaftspolitischer Offenheit abhängt, ernsthaft zu gefährden. Eine Verfassung darf prinzipiell nie für den Augenblick geschrieben werden, eine Verfassung muß stets die eigene Distanz und damit Offenheit im gesellschaftspolitischen Detail wahren, will sie nicht allzu schnell veralten, verkrusten und damit auch in normativer Hinsicht hinfällig werden. Eine Verfassung muß sich insbesondere davor hüten, in – mehr oder weniger augenblicksverhaftete – Kosmetik oder – unerfüllbare – Utopismen zu verfallen. In eine Verfassung kann man nicht alles im Moment Wünschenswerte oder Schöne hineinschreiben, eine Verfassung muß sich um zukunftsoffene Verbindlichkeit bemühen, darf mit anderen Worten sich nicht als Katalog mehr oder weniger beliebiger (sozio-ökonomischer oder sozio-kultureller) Wünsche und Hoffnungen begreifen. Eine Verfassung darf sich nie als Report eines bestimmten oder gewünschten Sozial- und Kulturstandards verstehen. Eine Verfassung muß die eigene Konsistenz aus dem richtigen Maß und der richtigen Balance von normativer Stringenz in den Grundwerten einerseits und Zurückhaltung wie Offenheit in den vor allem gesellschaftspolitischen Detailfragen andererseits wahren wie gewährleisten.

Deshalb ist vor solchen „sozialen Staatszielbestimmungen" ebenso wie vor einem Staatsziel „soziale Marktwirtschaft" zu warnen. Vor allem jene „sozialen Staatszielbestimmungen" erweisen sich in Wahrheit als von vornherein utopisch, wenn nicht illusorisch. Ein Recht auf Arbeit oder eine Staatszielbestimmung Vollbeschäftigung ist beispielsweise ebensowenig einlösbar wie ein Recht auf Wohnung bzw. ein entsprechendes Staatsziel. Wer solche Gewährleistungen in das GG hineinschreibt, der schafft keinen einzigen Arbeitsplatz und keine einzige Wohnung zusätzlich. Denn im System einer sozialen Marktwirtschaft sind solche Gewährleistungen von staatlicher Seite her nicht zu erfüllen. Letztendlich könnten solche Gewährleistungen nur in einem System sozialistischer Staats- oder Planwirtschaft denkbar werden, innerhalb derer der Staat über die Produktionsmittel und das Grundeigentum verfügt, wo er mit anderen Worten auch über Arbeitsplätze und Wohnungen disponieren könnte. So war es durchaus folgerichtig, wenn etwa die ehemalige sozialistische Verfassung der DDR solche Gewährleistungen kannte – ungeachtet der Tatsache, daß auch das sozialistische System in Wahrheit nicht imstande ist oder war, die Probleme der Arbeits- und Wohnungslosigkeit zu lösen.

„Soziale Grundrechte" oder „soziale Staatszielbestimmungen" belasten die Verfassung mit unerfüllbaren Versprechen und können sich damit auch zu einer elementaren Hypothek für das Verfassungsbewußtsein der Bürger auswachsen. Jede Verfassung ist nämlich auf das Vertrauen der Bürger in eben diese Verfassung und die Einlösbarkeit ihrer Versprechen oder Garantien angewiesen. Wo dieses Vertrauen erschüttert wird, dort schwindet das Verfassungsbewußtsein und dort verliert eine Verfassung sehr rasch an Akzeptanz und damit auch an normativer Kraft. Deshalb ist schon aus äußerst grundsätzlichen, ja verfassungsmethodischen Gründen vor solchen neuen (sozialen) Grundrechten oder Staatszielbestimmungen im GG zu warnen.

Das gleiche gilt für eine Staatszielbestimmung „Kulturstaatlichkeit" bzw. ein Grundrecht oder eine Staatszielbestimmung auf „Bildung". Hier handelt es sich zwar weniger um soziale Gewährleistungen, selbst wenn der Trennstrich zur sozialen Gewährleistung gerade beim „Recht auf Bildung" nicht leicht zu ziehen ist. Andererseits ist solchen kulturpolitischen Staatszielbestimmungen oder (Grundrechts-)Gewährleistungen gegenüber geltend zu machen, daß sie zum einen nur sehr schwer justitiabel zu machen sind und daß sie zum anderen auch die Dominanz der Bundesländer in Fragen der Kulturhoheit in Frage stellen könnten; die entsprechenden landesverfassungsrechtlichen Gewährleistungen und Grundzuständigkeiten der Länder könnten leicht über entsprechend bundesverfassungsrechtliche Gewährleistungen und ihre dann bundesverfassungsrechtliche Anwendung, Praktizierung oder Interpretation überspielt werden. Deshalb ist auch vor solchen „kulturellen Grundrechten" oder „kulturellen Staatszielbestimmungen" im GG zu warnen.

Eine Ausnahme hinsichtlich der Aufnahme neuer Staatszielbestimmungen kann grundsätzlich nur für eine Staatszielbestimmung zum Umweltschutz gelten. Denn die heute selbstverständliche ökologische Schutzkomponente findet sich bisher im GG nicht – wenn man einmal von dem absieht, was sich über die Verbindung des Grundrechts auf Leben und körperliche Unversehrtheit gemäß Art. 2 II 1 GG in Verbindung mit dem Sozialstaatsprinzip auch als Gewährleistung eines bestimmten „ökologischen Existenzminimums" darstellen oder vermitteln ließe. Im übrigen ist der Umweltschutz in seiner zentralen Bedeutung für Staat wie Gesellschaft erst sehr viel später ins allgemeinere Bewußtsein getreten; dies allerdings mit soviel Gewicht, daß auch eine Verfassung sich dem Umweltschutz nicht länger verschließen sollte. Demgemäß besteht zwischen allen politischen Parteien im Grunde Einigkeit darüber, daß der Umweltschutz heute in das GG als Staatszielbestimmung aufgenommen werden soll, wobei in aller Regel die Aufnahme eines neuen Art. 20 a GG favorisiert wird. Welchen Wortlaut dieser Umweltschutz-Artikel allerdings haben soll, darüber wird nach wie vor heftig gestritten – ein Streit wiederum, der von erheblicher Bedeutung ist und der deshalb auch definitiv ausgetragen werden muß. Denn hinter diesem Formulierungsstreit steht nichts anderes als die grundsätzliche Frage, in welcher Form und mit welchen materiell-rechtlichen Konsequenzen der Umweltschutz im System der gegebenen Verfassungsordnung gewährleistungsmäßig Platz nehmen soll. Von den einen wird formuliert: „Die natürlichen Lebensgrundlagen stehen unter dem (besonderen) Schutz des Staates". Von den anderen wird die Formel bevorzugt: „Die natürlichen Lebensgrundlagen des Menschen stehen unter dem Schutz des Staates. Das Nähere bestimmt die Gesetzgebung". Der Bezug zum Menschen, d. h. der sog. anthropozentrische Ansatz, und vor allem der Konkretisierungsvorbehalt für den Gesetzgeber formulieren die maßgebenden Unterschiede im gegebenen Meinungsstreit. Von besonderer Bedeutung ist dabei der gesetzgeberische Konkretisierungsvorbehalt. Der in der Sache ebenso bedeutsame anthropozentrische Ansatz sieht sich im Grunde schon aus dem Gesamtsystem der verfassungsrechtlichen Ordnung, namentlich über

Art. 1 I GG, implizit gewährleistet. Der Streit um einen gesetzgeberischen Konkretisierungsvorbehalt spiegelt jedoch den Grundsatzstreit über die Reichweite und den Stellenwert des Umweltschutzes insgesamt wider. Wer den Umweltschutz ohne entsprechenden Gesetzgebungsvorbehalt fordert, der läuft Gefahr, dem Umweltschutz im gesamten Schutzgütersystem der Verfassung eine einseitige Priorität einzuräumen und damit die Schutzgüter-Balance der Verfassung insgesamt in Frage zu stellen. Der Umweltschutz kann nämlich keine einseitige Priorität beanspruchen, er muß stets in den vielfältigen – aktuellen wie potentiellen – Spannungsverhältnissen etwa mit wirtschaftlichen Freiheitsrechten, mit Wirtschaftswachstum, mit Industrieansiedlung, mit der Schaffung von Arbeitsplätzen und Vollbeschäftigung, mit der Energieversorgung, Verkehrsversorgung usw. gesehen und aktualisiert werden. Alle diese Zielsetzungen sind ebenfalls von herausragender Bedeutung, sie sind in ihrem Geltungs- bzw. Prioritätsanspruch dem Umweltschutz durchaus gleichwertig an die Seite gestellt. Auch sie verfügen sämtlich über verfassungsrechtliche Gewährleistungsgrundlagen – von den wirtschaftlichen Freiheitsrechten angefangen über das Sozialstaatsprinzip bis hin zum gesamtwirtschaftlichen Gleichgewicht (Art. 12, 14, 2 I, 20 I/28 I, 109 II GG). Gerade eine wirksame und erfolgreiche Umweltschutzpolitik fordert deshalb den stetigen (verhältnismäßigen) Schutzgüter- oder Interessenausgleich, die möglichst verhältnismäßige Konfliktlösung. Diese kann aber nur und zunächst über die Gesetzgebung gelingen, weil nur sie befähigt ist, in der konkreten Situation die jeweils sachgerechte und möglichst gemeinwohlgerechte Entscheidung zu treffen. Deshalb spricht alles dafür, eine Staatszielbestimmung Umweltschutz unter den Konkretisierungsvorbehalt des demokratischen Gesetzgebers zu stellen.

Ob dies allerdings mehrheitsfähig sein wird, läßt sich heute noch nicht beantworten. Im Augenblick stehen sich noch beide konträren Grundpositionen recht unversöhnlich einander gegenüber. Um dennoch zur Aufnahme einer Staatszielbestimmung Umweltschutz zu gelangen, diese entsprechend mehrheitsfähig werden zu lassen und dennoch den vorstehenden, unabdingbaren materiell-rechtlichen Voraussetzungen einer ausbalancierten Staatszielbestimmung zugunsten des Umweltschutzes gerecht zu werden, habe ich selbst in die Beratungen den folgenden Formulierungsvorschlag eingebracht: „Die natürlichen Lebensgrundlagen stehen im Rahmen der verfassungsmäßigen Ordnung unter dem Schutz des Staates". Über den Bezug zur „verfassungsmäßigen Ordnung" wären nicht nur die notwendigen anthropozentrischen Belange (vgl. Art. 1 I GG), sondern auch die nötigen Ausbalancierungen mit anderen, ebenso verfassungsrechtlich legitimierten Schutzgütern gewährleistet. Im Rahmen der „verfassungsmäßigen Ordnung" wären auch die wirtschaftlichen

Freiheitsrechte, wäre auch das Sozialstaatsprinzip, wäre auch das gesamt-
wirtschaftliche Gleichgewicht als jeweilige Abwägungsmaßstäbe mit einbeschlossen – bis hin zum Regelungs- und Konkretisierungsprimat des
Gesetzgebers auf der Grundlage des Demokratieprinzips. Mit anderen
Worten: Wo die Befürworter eines ausdrücklichen Gesetzgebungsvorbe-
halts eine primär verfahrensrechtliche Lösung suchen, dort sucht der
eigene Formulierungsvorschlag die Lösung über einen materiell-rechtlichen Abwägungsmaßstab („verfassungsmäßige Ordnung"). Eine Entscheidung ist heute noch nicht absehbar. Es zeichnet sich aber ein
entscheidender Fortschritt – namentlich gegenüber früheren Auseinan-
dersetzungen über eine Staatszielbestimmung Umweltschutz – ab: Nämlich die mehr oder weniger allseitige Einsicht in die Tatsache, daß auch
eine Staatszielbestimmung Umweltschutz letzteren nicht verabsolutieren
oder in einseitiger Manier priorisieren darf, daß es vielmehr um eine
ausbalancierte Lösung im Verhältnis zu anderen, ebenfalls verfassungsrechtlich geschützten Interessen oder Gewährleistungen geht (Umweltschutz als relatives, nicht aber als absolutes Schutzgut). Auf der Grundlage dieser Einsicht müßte sich auch formulierungsmäßig eine Kompromißlösung finden lassen, die die nötige Zwei-Drittel-Mehrheit auf sich zu
vereinigen vermöchte.

Nur abschließend sei noch ein Blick auf zwei fundamentale Änderungswünsche im Bereich des Arbeitsverfassungsrechts erlaubt: Vor allem von
der SPD wird gefordert, daß in das GG eine Garantie der voll-paritäti-
schen Unternehmensmitbestimmung aufgenommen wird und daß im
Rahmen des Grundrechts der Koalitionsfreiheit aus Art. 9 III GG das
Streikrecht ausdrücklich garantiert und das Aussperrungsrecht verboten
wird. Beide Änderungswünsche würden die gegebene Verfassungsrechts-
lage in ihr komplettes Gegenteil umwenden. Denn die voll-paritätische
Mitbestimmung ist nach der Rechtsprechung des BVerfG weder mit der
Eigentumsgarantie des Art. 14 GG noch mit der Koalitionsfreiheit aus
Art. 9 III GG zu vereinbaren (vgl. BVerfGE 50, 290 ff); und das gleiche
gilt für das – auf dem Grundsatz der koalitionsrechtlichen Kampfparität
beruhende – Verhältnis von Streikrecht einerseits und Aussperrungsrecht
andererseits (vgl. hierzu BVerfGE 84, 212 ff). Diese arbeitsverfassungs-
rechtlichen Garantien haben sich durchaus bewährt. Das Arbeitskampfrecht hat es über die prinzipielle Gewährleistung von Streikrecht einerseits und Aussperrungsrecht andererseits stets verstanden, für das nötige
Maß an Parität und damit auch an wirksamer Chancengleichheit im
Prozeß der Tarifautonomie zu sorgen. Wer dies durch ein einseitiges
Aussperrungsverbot verändern will, der stellt letztendlich das gesamte
System unseres Koalitionsrechts in Frage; denn dies beruht gerade auf der
prinzipiellen Anerkennung der freiheitlich-autonomen Interessenausein-

andersetzung und befriedenden Einigung über den Tarifvertrag bei grundsätzlich voller Wahrung gegenseitiger Unabhängigkeit wie gegenseitiger Parität. Das gleiche gilt für die paritätische Mitbestimmung. Das jetzige System einer Mitbestimmung „knapp unter der Parität" hat die sozialpolitischen Mitbestimmungsbelange durchaus gewahrt und es zugleich verstanden, das Grundprinzip privaten Eigentums an den Produktionsmitteln und – hieran anschließend – auch das Prinzip funktionsfähiger Unternehmenseinheiten zu bewahren. In beiden Bereichen besteht demgemäß kein Anlaß zur Systemänderung, geschweige denn irgendein verfassungsrechtlicher Änderungsbedarf.

VI. Einführung plebiszitärer Verfahren?

Neben den Staatszielbestimmungen gehört die Frage nach der Einführung von Plebisziten zu den umstrittensten Fragen der aktuellen Diskussion. Von den Befürwortern plebiszitärer Elemente wird zumeist geltend gemacht, daß es heute um „mehr Demokratie", „mehr Bürgerbeteiligung", mehr „partizipative Demokratie" u. ä. gehen müsse, wobei ebenso häufig auf die heute – ebenso oft wie auch undifferenziert beklagte – sog. „Parteienverdrossenheit" oder „Politikverdrossenheit" argumentativ Bezug genommen wird. Indessen, der Parlamentarische Rat hat für das GG aus sehr wohl erwogenen Gründen auf plebiszitäre Verfahren verzichtet und auf den strikten Primat der parlamentarischen, repräsentativen Demokratie gesetzt. Die Frage plebiszitärer Elemente wurde im Lichte der Erfahrungen von Weimar sehr wohl diskutiert. Gerade auf der Grundlage dieser Erfahrungen war die Ablehnung plebiszitärer Elemente für das GG aber recht einhellig. Selbst wenn es in der Weimarer Republik nur relativ wenig Plebiszite gegeben hat, so spielten sie politisch doch und implizit eine nicht zu unterschätzende Rolle bei der schleichenden Unterminierung und später ausdrücklichen Diskreditierung der damaligen parlamentarischen Demokratie. Gerade auf der Grundlage dieser Erfahrungen verzichteten die Mütter und Väter des GG auf die Einführung plebiszitärer Elemente, setzten sie strikt auf die parlamentarisch-repräsentative Demokratie, ihren unbedingten Primat und damit auch allein auf diese als Grundlage einer stabilen freiheitlichen Demokratie.

Obwohl plebiszitäre Elemente auf der Ebene der Landesverfassungen überwiegend anzutreffen sind und gerade auch im Rahmen der neuen Landesverfassungen in den neuen Bundesländern durchweg Berücksichtigung finden oder gefunden haben und obwohl Plebiszite auf der Ebene der Landesverfassungen bisher keine übermäßig große Rolle gespielt haben, ist für die Demokratieverfassung des Bundes vor der Einführung von Plebisziten und der mit ihnen verbundenen Relativierung der parlamentarischen Demokratie zu warnen. So beliebt die Argumentation ist, von der Landesverfassungsebene auf die Bundesverfassungsebene zu schließen bzw. für letztere Analogien zur ersteren zu fordern, so wenig überzeugend und tragfähig sind solche Vergleiche oder Schlußfolgerungen. Denn auf der Bundesebene geht es in ganz anderer Weise als auf der Ebene der Länder eben nicht um regionale, sondern um buchstäblich allgemein-staatliche Angelegenheiten, die gerade in einer pluralistischen Gesellschaft entscheidend auf den höherrangigen Interessenausgleich und ein Höchstmaß an Kompromißfindung angewiesen sind. Beides ist jedoch nur auf der parlamentarischen Ebene erreichbar, nicht dagegen über das Plebiszit. Das Plebiszit ist gerade einer pluralistischen Gesellschaft und einer pluralistischen Demokratie kaum gemäß. Denn das Plebiszit kennt nur das „Ja" oder „Nein", kennt nur „Schwarz" oder „Weiß". Das Plebiszit fordert demgemäß klare bzw. relativ einfache (unkomplizierte) Entscheidungskonstellationen; das Plebiszit baut auf die Polarität entsprechender Entscheidungskonstellationen und ist in aller Regel auch selbst auf Polarisierung, also nicht auf Konsens- oder Kompromißfindung angelegt. Plebiszite sind deshalb und erfahrungsgemäß auch in besonderem Maße emotionsanfällig, sie realisieren weniger rational-steuernde Entscheidungs-, als politisch-irrationalisierende Stimmungsdemokratie. Gerade in den so hoch komplex gewordenen Entscheidungsstrukturen des modernen pluralistischen Staates tragen Formen der unmittelbaren oder plebiszitären Demokratie in aller Regel nicht oder nicht mehr, wie im übrigen auch das Beispiel der Schweiz, d. h. des – wie man gerne sagt – klassischen Landes des Plebiszits belegt.

Die Befürworter des Plebiszits auf Bundesebene übersehen zudem, daß die für den Bundesstaat notwendige, ausgewogene Balance zwischen zentral- und gliedstaatlichen Entscheidungsbefugnissen in der Bundesgesetzgebung, vermittelt durch das Miteinander von Bundestag und Bundesrat, über das Plebiszit leicht verloren gehen kann. Denn das Plebiszit wäre wesensgemäß und nur in bundeseinheitlicher Form denkbar; es entschiede stets das „Bundesvolk" in seiner Gesamtheit, ohne daß regionale oder gliedstaatliche Sonderbelange bzw. Inhalte spezifisch-föderativer Interessen noch Berücksichtigung finden würden. Der Primat der parlamentarisch-repräsentativen Demokratie und ihre föderative Ausbalancierung über den Bundesrat haben jedoch ganz entscheidend zur Stabilität und zur bundesstaatlichen Dezentralität der grundgesetzlichen Demokratie insgesamt beigetragen. Beides sollte nicht aufs Spiel gesetzt werden. Man sollte sich schließlich auch davor hüten, allzu rasch oder unreflektiert mit dem Schlagwort von der „Parteienverdrossenheit" oder „Politikverdrossenheit" zugunsten des Plebiszits zu argumentieren. Richtig ist zwar, daß die parteienstaatliche Demokratie heute von Krisensymptomen umfangen ist, die sich auch auf manche institutionellen Schwächen namentlich innerhalb der Volksparteien gründen. Wo die Volksparteien sich bisher als besondere Stabilitätsgaranten der repräsentativen

Demokratie erwiesen haben, wo es ihnen weitgehend gelungen ist, zentrifugale Kräfte und Interessen innerhalb der pluralistischen Gesellschaft einzubinden oder zu integrieren, dort gelingt ihnen dies – jedenfalls heute – zunehmend weniger, manchmal schon gar nicht mehr. Diese Entwicklung läßt sich jedoch nicht über die Einführung des Plebiszits korrigieren. Im Gegenteil, das Plebiszit würde jene zentrifugalen, gruppenegoistischen und partikularen Tendenzen in unserer Gesellschaft eher noch verstärken, würde die politische Gesamtlandschaft noch sehr viel stärker polarisieren und könnte damit – im Endergebnis – zu einem gefährlichen Maß an politischer Lähmung oder Steuerungsunfähigkeit führen. Die aktuellen Probleme der Parteien und ihrer schwächer gewordenen Bindungs- oder Integrationsfähigkeit lassen sich nicht über plebiszitäre Verfahren lösen; im Gegenteil, die Parteien müssen ihre Probleme selbst lösen. Im übrigen gebe man sich keinen Illusionen hin: Wenn das Plebiszit eingeführt werden würde, so wären es mit Sicherheit die politischen Parteien, die sich seiner Möglichkeiten – in durchaus legitimer Form – bedienen würden. Auch Plebiszite müssen organisiert werden, auch Plebiszite benötigen die organisierten Meinungsträger. Die dominierenden politischen Meinungsträger und Organisationen sind aber die politischen Parteien. Deshalb werden es mit Sicherheit die politischen Parteien sein, die sich im Falle der Einführung des Plebiszits der Möglichkeiten dessen bedienen werden. Was hätte etwa die CDU/CSU im aktuellen Streit um das Asylrecht daran hindern können, statt den mühsamen Weg über eine Kompromißlösung in Bundestag und Bundesrat den Weg direkt zum Volk, d. h. zum Plebiszit, zu wählen? Wohl jedermann dürfte sich darüber im Klaren sein, wie das Ergebnis einer solchen Volksabstimmung ausgefallen wäre. Mit Sicherheit würde es über das Plebiszit zu einer sehr viel rascheren Reform oder Einschränkung des Asylrechts kommen. Selbst wenn man, wie auch ich, der Auffassung ist, daß es einer solchen Reform des Asylrechts bzw. einer entsprechenden Verfassungsänderung heute dringend bedarf, so besteht für mich ungeachtet dessen dennoch kein Zweifel daran, daß der Weg über das Plebiszit auch in diesem Falle nicht der geeignete wäre. Denn wenn es den politischen Parteien gerade im Falle besonders populärer Themen möglich wäre, nach freiem Belieben die Ebene des Parlaments zu verlassen und stattdessen den Weg des Plebiszits zu wählen, so wäre die Konsequenz die der zunehmenden Flucht aus dem parlamentarischen Mandat, der Flucht aus dem parlamentarischen Verfahren notwendiger Konsens- und Kompromißsuche und damit letztendlich der Weg zur unausweichlichen Schwächung des parlamentarischen Systems selbst. Gerade dies kann und darf aber niemand wollen, der an der Stabilität unseres demokratischen Systems und seiner Institutionen interessiert ist. Für die Stärkung unserer demokratischen Institutionen und Verfahren einzutreten, ist selbstverständlich. Aber für das Plebiszit einzutreten, führt auf einen Irrweg. Das Plebiszit schafft in Wahrheit nicht mehr und stabilere Demokratie, es schafft nicht mehr „wirkliche Bürgerbeteiligung", sondern es führt zur institutionellen Schwächung der Demokratie insgesamt bzw. ihrer parlamentarischen Verfahren und Institutionen.

Deshalb ist jedenfalls für die Bundesebene auf die Einführung des Plebiszits zu verzichten. Das System der repräsentativen und föderativgegliederten Demokratie funktioniert nach wie vor am besten auf der Ebene und mit den Mitteln des Parlamentarismus – die Mitwirkung der politischen Parteien gemäß Art. 21 GG eingeschlossen. Wo dieses System der repräsentativen und parteienstaatlichen Demokratie immanente Schwächen aufweisen sollte, dort müssen diese gerade mit den Mitteln des Parlamentarismus und einer lebendigen, bürgeroffenen Repräsentativstruktur überwunden werden. Die politischen Parteien sind es, die nach Art. 21 GG vorrangig zur Vermittlung der politischen Willensbildung vom einzelnen Bürger auf die Ebene des Parlaments berufen sind. Wenn sie dieser Aufgaben nicht mehr hinlänglich gerecht werden sollten, so müssen Reformüberlegungen bei den politischen Parteien bzw. innerhalb ihrer Organe ansetzen und ggf. auch durchgesetzt werden. Das parlamentarische System selbst hat mit alledem nur relativ wenig zu tun. Die parlamentarische Demokratie hat sich institutionell bewährt und sie darf deshalb nicht geschwächt oder in Frage gestellt werden. Im Gegenteil, sie sollte auch künftig bewahrt und damit gestärkt werden.

VII. Fazit

Zusammenfassend ergibt sich hiernach, daß die Gemeinsame Verfassungskommission von Bundestag und Bundesrat mitten in der Diskussion vieler grundlegender Fragen steht, daß ihr Auftrag aber ebenso klar wie begrenzt ist. Es geht um keine Totalrevision des GG, es geht um keine neue Verfassung, sondern es geht allein um eine konkrete Verfassungsreform, d. h. um die Reform des GG dort, wo sich dies als notwendig erwiesen hat. Es geht nicht darum, in mehr oder weniger grundlegender Weise an die prinzipale Struktur des GG zu rühren, wie dies namentlich im Zusammenhang mit dem Ruf nach „sozialen Staatszielbestimmungen" und nach plebiszitärer Demokratie zu konstatieren ist. Die Grundstruktur des GG, die auf normativer Stringenz in allen Grundentscheidungen, auf dem strikten Bekenntnis zur parlamentarisch-repräsentativen Demokratie und im übrigen auf einem hohen Maß an gesellschaftspolitischer Offenheit und Zurückhaltung beruht, gilt es zu bewahren. Das GG hat sich in über 40 Jahren seiner Geltung außerordentlich bewährt. Es verspricht auch für die Zukunft, eine ebenso tragfähige wie moderne Verfassung für die Bundesrepublik Deutschland zu sein. Möge die aktuelle Verfassungsdiskussion in der Gemeinsamen Verfassungskommission von Bundestag und Bundesrat auch hierzu, nämlich in Gestalt eines ebenso offenen wie kritischen und auch vergewissernden Verfassungsdiskurses, ihren Beitrag leisten.